W0322358

Filigrane Weihnachten

Die Weihnachtszeit steht wieder vor der Tür, draußen wird es kälter und die Menschen ziehen sich gerne in ihr gemütliches Heim zurück.

In diesem Buch finden Sie viele schöne Anregungen, um Ihr Zuhause weihnachtlich zu schmücken. Fleißige Engel packen Pakete, süße Mäuse tanzen ums Adventslicht und der Weihnachtsmann transportiert seine Geschenke durch den winterlich verschneiten Wald. Liebevoll gestaltete Weihnachtsbäume verzaubern den Betrachter ebenso wie die wunderschöne Lichterpyramide oder der goldene Sternenregen.

Die dreidimensionalen Motive sind alle aus weißem, goldenem oder silberfarbenem Fotokarton gearbeitet und lassen sich ganz einfach auch als Fensterbilder in der herkömmlichen zweidimensionalen Form arbeiten.

Eine schöne Weihnachts- und Winterzeit

wünscht

Angelika Kipp

Die Motive lassen sich in folgende Schwierigkeitsgrade unterteilen:

● ○ ○ einfach ● ● ○ etwas schwieriger ● ● ● anspruchsvoll

IHRE GRUNDAUSSTATTUNG

Die hier aufgeführten Materialien und Hilfsmittel benötigen Sie immer wieder, sie werden in den einzelnen Materiallisten nicht mehr extra erwähnt.

- Architekten- oder Transparentpapier
- kleine spitze Schere
- Skalpell mit geeigneter Schneideunterlage
- weicher Radiergummi
- Lineal
- Lochzange
- Klebefilm
- weicher Bleistift (HB)
- harter Bleistift (2H)
- Nähnadel
- Nähgarn in Weiß
- Goldfaden
- UHU Alleskleber

So wird's gemacht

Motive aus Tonpapier

1 Das Motiv mit einem weichen Bleistift von der Vorlage auf Transparentpapier übertragen.

1

2 Das Tonpapier, A4, in zwei Bögen, A5, teilen und dieses der Länge nach knicken. Das auf das Transparentpapier gezeichnete Motiv wenden und bündig an der Knickstelle des Tonpapiers anlegen. Dann mit einem harten Bleistift unter leichtem Druck die Linien nachzeichnen. Der auf der Rückseite gezeichnete Bleistiftstrich überträgt sich so auf das Tonpapier.

2

3 Das Motiv zweimal ausschneiden (je nach Motiv auch dreimal; siehe einzelne Beschreibung im Buch) und die Knickkanten beider Motive aneinander kleben. Das Motiv an einem Faden aufhängen.

3

Motive aus Fotokarton

1 Das Motiv von der Vorlage mit einem weichen Bleistift auf ein Transparentpapier übertragen. Das gezeichnete Motiv wenden, auf den Fotokarton legen und mit einigen Klebestreifen fixieren.

1

2 Unter leichtem Druck das Motiv mit einem harten Bleistift nachzeichnen. Je nach Motiv benötigt man ein Einzelteil zwei- oder dreimal.

Wichtig! Entlang der gestrichelten Linie ein Lineal legen und mit einer Scherenspitze unter leichtem Druck die Faltlinie entlang fahren.

2

3 Vor dem Ausschneiden das Motiv knicken, damit eine exakte Knickkante entsteht. Dann die Motive (je nach Motiv) zwei- oder dreifach an den Knickkanten zusammen kleben.

Tipp: Kleine Augenpunkte werden mithilfe einer Lochzange ausgestanzt.

3

Weihnachtsbaum

→ edler Blickfang

MOTIVHÖHE
ca. 28 cm

MATERIAL
- Fotokarton in Weiß, A2

VORLAGEN-BOGEN 2B

1 Das Motiv nach der allgemeinen Anleitung (Seite 3) dreimal ausschneiden.

2 Die drei Einzelteile an der Kante zusammenfügen.

Lichterpyramide

→ brennt garantiert nicht ab

MOTIVHÖHE
ca. 33 cm

MATERIAL
- Fotokarton in Weiß, 2 x A2

VORLAGENBOGEN 2A

1 Das Motiv nach der allgemeinen Anleitung auf Seite 3 dreimal ausschneiden.

2 Die drei Teile an den Kanten zusammenfügen.

Schön geschmückt

→ Deko am laufenden Band

MOTIVHÖHE
Schneemänner ca. 10 cm
Elche ca. 12 cm

VORLAGENBOGEN 1B+4A

MATERIAL SCHNEEMÄNNER
- Fotokarton in Weiß, A2

ELCHE
- Fotokarton in Gold matt, A2

1 Die Schneemänner je fünfmal, die Elche je dreimal hintereinander auf den Fotokarton übertragen. Entlang der gestrichelten Linie (siehe Vorlagenbogen) ein Lineal legen und mit einer Scherenspitze unter leichtem Druck entlang der Faltlinie fahren. Vor dem Ausschneiden des Motivs die Faltkante knicken.

2 Beim Schneemann den Hut und den Mützenpompon an den Enden des Bandes mit der Schere angleichen. Bei den Rentieren den äußeren halben Stern wegschneiden.

Goldener Sternenregen

→ festlich

MOTIVHÖHE
ca. 21,5 cm

MATERIAL
- Fotokarton in Gold matt, A2

VORLAGENBOGEN 3B

1 Das Motiv dreimal ausschneiden (siehe Anleitung Seite 3).

2 Die Einzelteile knicken und an den Faltkanten zusammenkleben.

Wichteltreffen

→ die Helfer des Weihnachtsmannes

MOTIVHÖHE
ohne Sterne ca. 25,5 cm

MATERIAL
- Tonpapier in Gold matt, A2

VORLAGENBOGEN 1A

1 Das Motiv nach der allgemeinen Anleitung (Seite 2) zweimal ausschneiden. Die beiden Teile an der Kante zusammenfügen.

2 Die Sterne an einem dünnen Goldfaden mittig am Motiv befestigen.

Mäuse-weihnacht

→ niedlich

MOTIVHÖHE
ohne Sterne ca. 19,5 cm

MATERIAL
- Tonpapier in Weiß, A2

VORLAGENBOGEN 3A

1 Das Motiv und die Sterne jeweils zweimal ausschneiden und an den Kanten zusammenfügen (vgl. Seite 2).

2 Die Sterne mittig mit weißem Nähgarn am Motiv befestigen.

Hübsche Weihnachtskugeln

→ nicht nur am Fenster dekorativ

MOTIVHÖHE
ca. 20 cm

MATERIAL
- Tonpapier in Silber matt, A3 (je Kugel)
- Silberfaden

VORLAGEN-BOGEN 2A

1 Den Tonpapierbogen in zwei Hälften schneiden. Jedes A4-Teil mittig längs falten. Das Motiv auf beide Teile übertragen und ausschneiden.

2 An den Kanten zusammenkleben und an einem silbernen Faden aufhängen.

Mäuse-weihnacht

→ niedlich

MOTIVHÖHE
ohne Sterne ca. 19,5 cm

MATERIAL
- Tonpapier in Weiß, A2

VORLAGENBOGEN 3A

1 Das Motiv und die Sterne jeweils zweimal ausschneiden und an den Kanten zusammenfügen (vgl. Seite 2).

2 Die Sterne mittig mit weißem Nähgarn am Motiv befestigen.

Tannenbaum und Lichterkette

→ stimmungsvoll

MOTIVHÖHE
Tanne ca. 39 cm
Lichterkette ca. 9,5 cm

MATERIAL
- Fotokarton in Weiß, A2 (je Motiv)

VORLAGENBOGEN 3B

1 Für die Tanne das Motiv dreimal ausschneiden (siehe Anleitung Seite 3). Die Einzelteile knicken und an den Faltkanten zusammenfügen.

2 Das Kerzenmotiv fünfmal hintereinander auf den Fotokarton übertragen. Entlang der gestrichelten Linie ein Lineal legen und mit einer Scherenspitze unter leichtem Druck die Faltlinie entlang fahren. Vor dem Ausschneiden des Motivs die Knickstelle falten.

Tipp: Das Kerzenband sieht auch als Bild am unteren Fensterrand toll aus.

Hübsche Weihnachtskugeln

→ nicht nur am Fenster dekorativ

MOTIVHÖHE
ca. 20 cm

MATERIAL
- Tonpapier in Silber matt, A3 (je Kugel)
- Silberfaden

VORLAGEN-BOGEN 2A

1 Den Tonpapierbogen in zwei Hälften schneiden. Jedes A4-Teil mittig längs falten. Das Motiv auf beide Teile übertragen und ausschneiden.

2 An den Kanten zusammenkleben und an einem silbernen Faden aufhängen.

Eiszeit

→ lustige Schneemänner

1 Das Motiv wie in der Anleitung auf Seite 3 beschrieben zweimal ausschneiden. Die beiden Einzelteile knicken und an den Faltkanten zusammenkleben.

2 Einzelne Eiskristalle mit weißem Nähgarn am fertigen Modell dekorieren.

MOTIVHÖHE

Schneemänner ohne Kristalle ca. 21,5 cm

MATERIAL

- Fotokarton in Weiß, A2

VORLAGENBOGEN 2B

Sternenband

→ zeitlos schön

MOTIVHÖHE
großer Stern ca. 20,5 cm
kleiner Stern ca. 17 cm

MATERIAL
- Fotokarton in Weiß, A2

VORLAGENBOGEN
4 B

1 Die Sterne wie auf Seite 3 beschrieben herstellen. Dabei das Grundmotiv dreimal ausschneiden und die drei Einzelteile an den Falzkanten zusammenkleben.

2 Die fertigen Sterne an einem weißen Faden untereinander hängen.

Tipp: Auch als Fensterbild gearbeitet sehen die Sterne sehr nett aus (siehe links).

Weihnachtsgeschäft

→ Nikolaus bei der Arbeit

MOTIVHÖHE
ca. 15 cm

VORLAGENBOGEN 1A

MATERIAL
- Fotokarton in Silber matt, A2

1 Das übertragene Motiv aus dem Fotokarton schneiden.

2 Jede Tanne zusätzlich zweimal ausschneiden (unten an gestrichelten Linien), knicken und von der Vorder- und Rückseite je einmal aufkleben, damit das Band seine Standfestigkeit erhält.

Filigraner Baumschmuck

→ für ein strahlendes Fest

MOTIVHÖHE
ca. 8 cm bis 12,5 cm

MATERIAL JE ANHÄNGER
- Tonpapier in Gold matt, A4

JE SCHLEIFE
- Schleifenband in Gold, 5 cm breit, 50 cm lang
- Golddraht, ø 0,25 mm

VORLAGENBOGEN 4B

1 Das Papier wie auf Seite 2 beschrieben knicken. Die Motive je zweimal übertragen und ausschneiden. Immer zwei Teile zu Anhängern zusammenfügen.

2 Die einzelnen Motive an einem Goldfaden aufhängen.

3 Für die Schleifen das Band waagerecht vorm Körper ausbreiten und beide Enden zur Mitte hin übereinander legen. Die Schleife mit Golddraht raffen und die Drahtenden auf der Rückseite gegeneinander verdrehen. Mit dem überstehenden Draht die Schleife am Ast befestigen.

Winterliche Stadt

→ festlich erleuchtet

MOTIVHÖHE
ca. 15,5 cm

VORLAGENBOGEN 1B

MATERIAL
- Fotokarton in Weiß, A2
- Architektenpapier in Weiß, A2

1 Das Motiv auf Fotokarton übertragen. Entlang der gestrichelten Linie ein Lineal legen und mit einer Scherenspitze unter leichtem Druck die Faltlinie entlang fahren. Vor dem Ausschneiden die Faltlinie knicken.

2 Von der Rückseite das Motiv mit dem Architektenpapier hinterkleben.

Weihnachtsanhänger

→ hübsch an Geschenken oder als Türschmuck

MOTIVHÖHE
ca. 11 cm bis 11,5 cm

MATERIAL PRO ANHÄNGER

- Tonpapier oder Schreibpapier in Weiß, A4

VORLAGENBOGEN 1A

1 Die Motive jeweils zweimal ausschneiden (siehe Anleitung Seite 2).

2 Die beiden Einzelteile knicken und an den Faltkanten zusammenkleben.

DIESES BUCH ENTHÄLT 4 VORLAGENBOGEN

IMPRESSUM

FOTOS: frechverlag GmbH, 70499 Stuttgart; Fotostudio Ullrich & Co., Renningen
DRUCK: frechdruck GmbH, 70499 Stuttgart

Materialangaben und Arbeitshinweise in diesem Buch wurden von der Autorin und den Mitarbeitern des Verlags sorgfältig geprüft. Eine Garantie wird jedoch nicht übernommen. Autorin und Verlag können für eventuell auftretende Fehler oder Schäden nicht haftbar gemacht werden. Das Werk und die darin gezeigten Modelle sind urheberrechtlich geschützt. Die Vervielfältigung und Verbreitung ist, außer für private, nicht kommerzielle Zwecke, untersagt und wird zivil- und strafrechtlich verfolgt. Dies gilt insbesondere für eine Verbreitung des Werkes durch Fotokopien, Film, Funk und Fernsehen, elektronische Medien und Internet sowie für eine gewerbliche Nutzung der gezeigten Modelle. Bei Verwendung im Unterricht und in Kursen ist auf dieses Buch hinzuweisen.

Auflage: 5. 4. 3. 2. 1.
Jahr: 2010 2009 2008 2007 2006 [Letzte Zahlen maßgebend]

ISBN 10: 3-7724-3525-4
ISBN 13: 978-3-7724-3525-6
Best.-Nr. 3525

© 2006 frechverlag GmbH, 70499 Stuttgart